Für meine Kinder.

Haltet an euren Träumen fest. Nichts ist unmöglich.

In ewiger Liebe.

Eure Mama.

Inhalt

Pflichten eines Feuerdrachen

„**P**iro, aufstehen! Pünktlichkeit gehört zum Einmaleins kleiner Feuerdrachen“, mahnt Bera, die Mutter des kleinen Feuerdrachen Piro. „Ich höre schon von hier die Schulglocken läuten, nun spute dich!“

Der kleine Drache springt hastig aus dem Bett, greift nach seinem Rucksack und eilt in Richtung Ufer der Feuerinsel. Denn dort – unter einem Felsvorsprung - befindet sich die Drachenschule „Draco maximus“. Piro besucht nun schon die zweite Klasse.

Um noch pünktlich zum Unterricht bei der netten, aber auch gleichzeitig strengen Lehrerin Frau Drachenherz zu erscheinen, versucht Piro sich mit seinen roten Drachenflügeln Auftrieb zu verschaffen, was ihm aber leider nicht gelingt.

Dabei grüßt er im Vorbeigehen (nun ja, man sollte es eher Vorbeilaufen nennen) jeden, der ihm begegnet. Nun, du musst wissen, wenn Piro auch Probleme mit dem frühen Aufstehen und der Pünktlichkeit hat, ist er ein sehr freundlicher kleiner Drache. Und auf der Feuerinsel in dem Drachendorf „Draconum villa", in dem Piro mit seiner Mutter Bera und seinem Vater Rogo lebt, ist Piro bekannt wie ein bunter Hund - und zwar wortwörtlich.

Denn alle Drachen auf der Feuerinsel haben rote Arme, rote Beine, einen roten Schwanz, ja ihr ganzer Körper ist feuerrot – außer Piros.

Zwar ist auch Piro ein roter Drache, allerdings sind sein Schwanz und seine Beine seit seiner Geburt pink. Wegen dieser Besonderheit kam er auch zu seinem Namen:

Die Silbe -pi steht für die Farbe pink, die Silbe -ro für die Farbe rot.

Im Allgemeinen ist Piro ein freundlicher und gutgelaunter Drache. Der Umstand allerdings, dass er etwas anders aussieht als seine Familie und die restlichen Drachen in dem Drachendorf betrübt ihn hin und wieder ein wenig.

In letzter Minute erreicht Piro das Klassenzimmer. „Guten Morgen, meine kleinen Drachenschüler. Ich hoffe, ihr hattet schöne und erholsame Ferien. Das neue Schuljahr stellt uns vor große Herausforderungen. Denn wir werden uns mit den drei grundlegenden Pflichten eines Feuerdrachen beschäftigen“, beginnt Frau Drachenherz den Unterricht. „Eigenschaften, die euch erst zu richtigen Drachen werden lassen. Wer von euch kann mir eine Eigenschaft nennen?“

Das Drachenmädchen Kera meldet sich direkt zu Wort: „Fliegen, Frau Drachenherz! In den Ferien haben meine Eltern und ich unsere Verwandtschaft dritten Grades auf der Wüsteninsel besucht. Ich saß auf dem Rücken meines Vaters und konnte unsere Feuerinsel von weit oben sehen – das war ein Erlebnis!“

„Aber warum musste dich dein Vater tragen? Der Arme, das muss doch ziemlich anstrengend für ihn gewesen sein“, wirft der Drache Spori spöttisch ein.

„Na, weil ich noch nicht fliegen kann. Du etwa, Spori?“, antwortet Kera gelassen. „Öh, nein, noch nicht jedenfalls“, antwortet Spori und sein Gesicht färbt sich tiefrot.

Frau Drachenherz schreibt „Fliegen“ auf die Steintafel.

„Welche Pflichten eines Drachen fallen euch noch ein?“, möchte sie von den Drachenkindern wissen. „Frau Drachenherz, Frau Drachenherz“, ruft Sira nervös. „Ich habe noch eine Frage. Wir haben in den Ferien unsere Verwandtschaft auf der

Wasserinsel besucht. Auch ich saß auf dem Rücken meines Vaters. Jedoch sind wir zur Wasserinsel nicht geflogen, sondern geschwommen."

Sira hält kurz inne und überlegt: „Wir haben unsere Verwandtschaft vierten Grades besucht. Wir sind nicht geflogen, sondern geschwommen. Liegt das nun an der Wasserinsel oder an dem Verwandtschaftsgrad?"

Frau Drachenherz muss schmunzeln. „Du hast gut aufgepasst, liebe Sira. Es verhält sich allerdings so, dass jeder Drache selbst entscheiden kann, wie er weite Distanzen am liebsten überwinden möchte. Denn hier kommen wir auch schon zu der zweiten Pflicht eines jeden Drachen: Das Schwimmen." Frau Drachenherz notiert auch „Schwimmen" auf der Steintafel. „Nun, meine Lieben, eine Pflicht fehlt noch. Es ist die wichtigste Eigenschaft, die wir Drachen besitzen. Durch sie können wir uns gegen Feinde zur Wehr setzen, unser Essen zubereiten, uns vor Kälte schützen und noch vieles mehr. Diese Pflicht gibt uns Drachen und unserer Insel den Namen."

„Feuer speien! Ein richtiger Drache muss Feier speien können!", ruft der kleine Drache Piro aufgeregt. „Sehr gut, Piro", lobt Frau Drachenherz Piro und notiert „Feuer speien".

„Ich möchte es noch einmal betonen: Das Feuerspeien ist die wichtigste und elementarste Aufgabe eines jedes Feuerdrachen. Die Fähigkeit, Gegenstände zu entflammen und Feuer zu erzeugen, hat uns Drachen den Namen Feuerdrachen gegeben", erklärt Frau Drachenherz. „Daher werden wir auch als erstes das Feuerspeien lernen."

In der Inselbibliothek

„**H**ee, Piro, wohin eilst du so hastig?“, ruft Anton, während er Stöcke und Blätter auf seinem starken Rücken balanciert. Anton ist eine Wiesenameise und Piros bester Freund. „Oh, Anton, entschuldige. Ich war so sehr in meinen Gedanken versunken, dass ich dich gar nicht wahrgenommen habe“, entgegnet Piro niedergeschlagen.

„Ja, das habe ich gemerkt. Aber wieso ziehst du so ein trauriges Gesicht wie sieben Tage Regenwetter?“, erkundigt sich Anton und legt die gesammelten Stöcke und Blätter auf einem Stein ab.

„Ach, du erinnerst dich an die drei grundlegenden Pflichten eines Drachen, von denen ich dir erzählt habe?“, fragt Piro nach.

„Na ameisenklar, Fliegen, Schwimmen und Feuerspeien. Was ist damit?“, möchte Anton wissen.

Piro schlägt die Hände vors Gesicht und lässt sich vor dem Stein ins hohe Gras fallen:

„Seit Wochen üben wir nun das Feuerspeien. Jeder Drache in meiner Klasse beherrscht diese Disziplin. Nur mir will es – was auch immer ich mache - einfach nicht gelingen. Ich habe im Unterricht immer genau zugehört und eifrig aufgepasst und bin den Anweisungen von Frau Drachenherz gefolgt.

Stell dir vor, ich habe sogar meine Hausaufgaben erledigt und habe immer und immer wieder das Feuerspeien geübt. Zuerst habe ich tief Luft geholt, meine Nüstern weit aufgebläht und die Luft wieder ausgestoßen. Aber mir will einfach kein Feuer entweichen.“ Zum Beweis holt Piro kräftigt Luft, dabei verschluckt er sich jedoch und muss husten. „Siehst du“, meint Piro traurig. „Ich kann einfach kein Feuerspeien. So wird niemals ein richtiger Feuerdrache aus mir.“

„Ach, Piro, wir Ameisen benötigen auch lange, um unseren Ameisenhügel so zu bauen und herzurichten, bis wir zufrieden sind. Nun, was ich dir damit sagen möchte: Gut Ding braucht Weile. Das gilt auch für dich, mein Feuerdrachenfreund. Lass den Kopf nicht hängen!“, tröstet Anton seinen Freund.

Dieser erwidert: „Nein, ich kann nicht noch mehr Zeit verlieren. Ich möchte auch endlich Feuerspeien können wie meine Mitschüler. Die anderen Drachenkinder machen sich zwar noch nicht über mich lustig, aber ich spüre ihre naserümpfenden Blicke jeden Tag. Alle warten sie nur auf mich, dass ich endlich auch Feuerspeien kann, damit wir die zweite Disziplin lernen können.

Deshalb bin ich auf dem Weg zur Inselbibliothek, um dort nach Ratschlägen und Tipps zum Feuerspeien zu suchen. Ich muss nun auch schnell weiter. Die Bibliothek schließt gleich."

„Warte, ich begleite dich und helfe dir beim Suchen", bietet Anton an.

Die zwei Freunde erreichen die Bibliothek noch vor den Schließzeiten. Diese befindet sich in einer dunklen Höhle.

„Beeilt euch ja, ihr Kleinen", sagt der Pförtner Haxar, ein alter Drache mit weißem Haar und kugelrundem Bauch, streng, „auf mich warten zuhause fünf fette Füchse, die gegessen werden wollen."

Piro und Anton nicken, greifen jeder nach einer Kerze und steigen die steilen Treppen hinab, die zwischen den dunklen und nassen Wänden der

Höhle liegen. Hastig durchsuchen sie die Bücherregale, stöbern in alten, modrigen Kartons und blättern in vergilbten Drachenhandbüchern.

„Lass uns die Suchaktion beenden, Anton, hier ist nichts“, seufzt Piro schließlich betrübt. Der Drache und die Ameise wollen gerade wieder die Treppen zum Höhleneingang hinaufsteigen, da stolpert Piro plötzlich. „Au au, mein Fuß. Nun auch das noch, ich Pechdrache!“, klagt Piro und kickt das Hindernis mit seinem pinken Fuß zur Seite.

„Stopp“, sagt Anton, „sieh` mal, hast du schon mal so ein verschmutztes Buch gesehen?“

Anton krabbelt zu dem Buch und wischt den Staub vom Buchdeckel.

Dabei fällt ein faulig riechender Zettel aus dem Buch. Piro hebt ihn auf und liest:

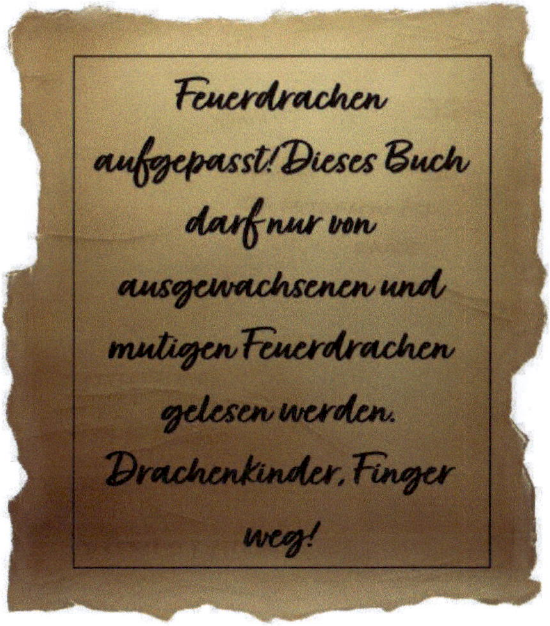

Feuerdrachen aufgepasst! Dieses Buch darf nur von ausgewachsenen und mutigen Feuerdrachen gelesen werden. Drachenkinder, Finger weg!

Trotz der Warnung schlagen die zwei neugierigen Freunde das geheimnisvolle Buch auf. Piro liest laut vor: „Die Legenden rund um die Feuerinsel. Kapitel 1: Die Legende des Feuerriesen“.

„Donnerschreck und Ameisenblitz, was ist das bloß für ein Buch?“, wundert sich Anton besorgt.

„Lass es uns zurück in das Bücherregal zu den anderen Büchern stecken und von hier verschwinden. Ich habe ein ganz mulmiges Gefühl.“

Piro aber liest weiter: „Hier steht, dass jenseits der an das Drachendorf „Draconum villa“ angrenzenden Mischwälder zwischen den Flammenvulkanen ein furchterregender Feuerriese leben soll, der das Feuerspeien beherrscht wie kein anderer. Der Feuerriese soll solch riesige Feuer und Flammen ausstoßen, dass dabei gewaltige Rauchwolken zwischen den Vulkanen aufsteigen. Außerdem…“, fährt Piro fort.

„Heej, ihr da unten, macht, dass ihr hochkommt. Es ist Zeit für mein Abendmahl!“, ruft da der Pförtner Haxar.

„Ich muss den Feuerriesen finden. Er ist meine letzte Hoffnung“, flüstert Piro Anton zu.

„Das meinst du doch nicht ernst? Dein Plan ist reiner Drachenwahnsinn, bleib bloß hier!“, schüttelt Anton ungläubig den Kopf.

Doch der kleine Drache Piro ist von seiner Idee nicht mehr abzuhalten und stürmt in Richtung Dorfende zu den Mischwäldern. Anton jagt kopfschüttelnd hinterher.

Der Feuerriese

Am darauffolgenden Tag haben Piro und Anton die Mischwälder durchquert und stehen zwischen unzähligen Vulkanen in einem endlos scheinenden Felsenmeer. „Wie ruhig und friedlich es hier ist", stellt Piro fest, „pah, von wegen hier lebt ein Feuerriese."

Da ertönt wie aus dem Nichts ein lautes, schmerzerfülltes „Uaaaah“, gefolgt von einem noch lauteren „Haatschiii“.

Kurz darauf steigt eine Wolke zwischen den Vulkanen auf. Die Erde unter den Füßen der beiden Freunde beginnt zu beben und am nächstgelegenen Vulkan taucht ein gewaltiger Schatten auf, der sich auf und ab bewegt.

„Der Feuerriese“, wispert Anton ehrfürchtig, „Donnerschreck und Ameisenbein, er kommt direkt auf uns zu.“

Auch Piro wird es nun etwas mulmig in der Magengegend. „Vielleicht war unser Ausflug hierher doch nicht eine so gute Idee“, gibt Piro zitternd zu.

Doch bevor sie es sich anders überlegen und den Rückweg antreten können, steht auch schon der Feuerriese vor ihnen. „Mir war, als hörte ich

Stimmen. Da habe ich mich also doch nicht getäuscht. Na, ihr seid mir ein merkwürdiges Duo, ein rot-pinker Drache und eine Ameise. Was sucht ihr denn in dieser trostlosen, rauen Gegend oder habt ihr was ausgefressen und seid von zuhause ausgebüxt?“

Der Riese lässt sich zu Piro und Anton auf den felsigen und staubigen Boden nieder. Durch das immense Gewicht des Riesen bebt die Erde ein weiteres Mal und Staub wird aufgewirbelt. „Uaaah“, stößt der Riese erneut aus und muss so kräftig niesen, dass der Staub um sie herum erneut aufgestäubt wird und zu den Vulkanen in die Luft steigt.

„Piro, schau die Wolke zwischen den Vulkanen!“, ruft Anton aufgeregt mit lauter Stimme. „Der Rauch kommt also nicht vom Feuerspeien, sondern nur vom Niesen des Riesen.“

„Feuerspeien? Dachtet ihr, ich kann Feuerspeien?“ Der Riese grinst zunächst, kann sich sein Lachen dann aber nicht mehr verkneifen und liegt schließlich den Bauch vor Lachen haltend am Boden. „Rieselott nochmal, ihr seid mir zwei lustige Gesellen.“

Während der Riese sich noch vor Lachen krümmt, wirbelt er erneut Staub in die Luft und aufs Neue gibt er ein „Uaaah, Haaatschiii“ von sich und verzieht vor Schmerz das Gesicht.

„Geht es dir nicht gut?“, erkundigt sich Piro besorgt. „Ach, seit ich hier bei den Vulkanen lebe, muss ich immerzu niesen und dann juckt meine Nase fürchterlich, manchmal tränen und brennen mir zusätzlich noch die Augen“, antwortet der Riese. „Ich sag`s euch, das Riesendasein ist kein Zuckerschlecken.“

„Mhh“, überlegt Piro, „seit du bei den Vulkanen lebst?“

„Früher habe ich auf der anderen Seite der Insel gelebt, wo die Palmen und Pflanzen das ganze Jahr über schön saftig grün sind und die Sonne meine runzlige Haut wärmt“, schwelgt der Riese in Erinnerung.

„Doch die Drachen dort haben mich gemieden, haben immer einen großen Bogen um mich gemacht und da habe ich eines Tages beschlossen, eurem Volk mit meinem Dasein nicht länger das Leben schwer zu machen."

„Das tut mir leid zu hören. Aber ich bin mir sicher, dass es eine einfache Lösung für deine Beschwerden gibt", meint der kleine Drache. „Im Gesundheitsunterricht in der Schule hatten wir im 1. Schuljahr das Thema Allergien. Ich vermute, dass du gegen den ganzen Staub hier allergische Reaktionen entwickelt hast. Kehre mit uns auf die andere Inselseite zurück, dort wird es dir schnell wieder besser gehen."

„Was werden bloß die anderen Drachen sagen?", fragt der Riese.

„Lass das mal unsere Sorge sein", beruhigt ihn Piro, „sie werden dich mögen und willkommen heißen." Anton nickt dem Riesen aufmunternd zu.

„Vielen Dank für eure Hilfe", sagt der Riese erleichtert, „da wir nun mehr Zeit miteinander verbringen werden, mein Name ist übrigens Gigaro." Der Riese kichert: „Das ist die Abkürzung für gigantisch groß. Aber eines müsst ihr mir nun doch noch verraten: Wer oder was hat euch an diesen freudlosen Ort geführt?"

Da lässt Piro seinen pinken Schwanz hängen und lässt seinen Kopf in die Hände sinken.

„Ach, du warst meine letzte Hoffnung, endlich das Feuerspeien zu lernen. Ich möchte doch ein richtiger Drache sein, wie alle anderen auch. Was soll ich jetzt nur tun?“

„Nun, in der Tat, das Feuerspeien kann ich dir leider nicht beibringen, aber vielleicht kann ich dir trotzdem weiterhelfen“, nickt Gigaro aufmunternd.

„Ganz in der Nähe in der Tropfsteinhöhle wohnt eine alte Freundin von mir, die Fledermaus Sapia. Sie ist sehr alt, aber auch sehr weise. Vielleicht weiß sie Rat. Kommt, steigt auf meine Schultern, ich führe euch zu ihr.“

Das Rätsel

„**D**a wären wir“, sagt Gigaro und geht in die Hocke, damit Piro und Anton von seinen Schultern springen können.

„Ich warte hier draußen auf euch, für mich ist es dort leider zu eng. Geht immer geradeaus, an der ersten Abzweigung haltet euch rechts, so werdet ihr problemlos meine gute Freundin finden. Achja, nehmt euch ja vor den Tropfsteinen in Acht.“

„Was sind Tropfsteine?“, fragt Piro neugierig. „Tropfsteine hängen von der Decke der Höhle herunter, sie sind meist sehr spitz und sehen aus wie Eiszapfen“, erklärt Gigaro.

Piro und Anton betreten die Höhle. „Ganz schön finster und kalt hier“, stellt Piro fest. „Und nass“, ergänzt Anton und schüttelt einen großen Tropfen von seinem Ameisenrücken. Sie folgen der

Wegbeschreibung des Riesen und stehen schon bald vor der Abzweigung. „Wie viele Tropfsteine hier von der Decke hängen“, staunt Piro. „Ich denke, ab hier ist es klug zu kriechen, damit wir uns mit unseren Köpfen nicht an den Tropfsteinen stoßen.“

Piro und Anton krabbeln noch ein gutes Stück des Weges. Je weiter und tiefer sie in die Höhle robben, desto dunkler wird es.

„Ich kann beinahe meine Hand nicht mehr vor den Augen sehen“, stellt Piro fest. Pliiinnng! macht es auf einmal.

„Was war das?“, fragt Piro erschrocken.

„Donnerwetter und Ameisenschreck, ich bin mit meinem Kopf an einen Tropfstein gestoßen und dieser ist auf den Boden gefallen“, antwortet Anton.

„Hauptsache, dir ist nichts passie…“, antwortet Piro, als er von einem lauten Gähnen unterbrochen wird.

„Oahaaa, wer ist da?“, fragt eine dumpfe Stimme. Flügel flattern und eine dunkle Gestalt lässt sich auf einem Tropfstein nieder. Weit leuchtende Augen schauen die Eindringline argwöhnisch an.

„Gu- Guten Tag. Entschuldige, wir wollten dich nicht wecken. Es ist nur so - wir sind Freunde von Gigaro und ich stecke derzeit etwas in der Klemme und möchte dich gerne um deine Hilfe bitten", erklärt Piro schüchtern.

„Freunde von Gigaro sind auch meine Freunde. Willkommen, wie kann ich euch denn weiterhelfen?", erkundigt sich die Fledermaus Sapia freundlich.

„Ich möchte unbedingt das Feuerspeien lernen", erklärt Piro, „hast du einen Tipp, wie es mir endlich gelingen will?"

Sapia nickt und spricht:

„Feuerspeien muss ein jeder Drache,

das ist auch eine feine Sache.

Doch willst du im Leben etwas erreichen,

denk daran, der Druck muss weichen.

Spitz die Drachenohren und hör gut zu,

der Schlüssel zu allem bist allein du.

Zeit wird dir helfen,

drum keine Sorgen mehr verschwenden.

Alles wird sich zum Guten wenden,

bloß nicht immer daran denken."

Mit diesen Worten flattert Sapia davon und lässt Piro und Anton allein zurück. Enttäuscht verlassen sie die Tropfsteinhöhle und kehren zu dem wartenden Riesen zurück, der sich nach dem Aufeinandertreffen erkundigt. Piro lässt seine Schultern hängen und kickt niedergeschlagen einen Stein von sich:

„Sie sagte irgendetwas mit Zeit und Druck und dass ich selbst der Schlüssel sei, aber verstanden habe ich nichts von alledem und Feuerspeien kann ich immer noch nicht. Lasst uns den Heimweg antreten, unsere Familien sorgen sich sicherlich schon um uns."

Eine feurige Angelegenheit

Die Stimmung der Freunde ist an diesem Abend bedrückt und weil es schon dämmert und zu nieseln beginnt, beschließen sie, unter den Bäumen ein Lager für die Nacht aufzuschlagen, um Kräfte für den morgigen Rückweg zu sammeln.

Gigaro legt sich einige Bäume entfernt zur Ruhe. Er schnarcht nachts sehr laut und möchte Piro und Anton nicht vom Schlafen abhalten.

Piro und Anton kuscheln sich nebeneinander unter einen dicken Baumfarn und decken sich mit großen Blattwedeln zu. Die Sterne leuchten hell und der Mond strahlt freundlich auf sie herab. Anton schläft schnell ein. Piro liegt an diesem Abend noch lange wach und schaut betrübt in den hell erleuchtenden Himmel.

„Ach, ihr schönen Sternenbilder da oben, könnte ich nur ein klein wenig von eurem Glanz abbekommen. Ihr funkelt so hell vom Himmel und lasst euch durch nichts und niemanden eure Strahlkraft nehmen“, seufzt der kleine Drache betrübt. Ein letzter Blick zu dem leuchtenden

Vollmond, da werden auch Piros Lider schwer und seine Augen fallen zu.

In der Nacht ist es auf der Feuerinsel sehr kalt und Piro wird vor Kälte zitternd wach.

„He, Anton, gib mir auch ein bisschen von dem Blattwedel, damit ich mich zudecken kann“, tadelt Piro müde seinen Freund und greift nach dem Blatt.

Doch er bekommt weder das Blatt noch Anton zu fassen. Die Sterne und der Mond erhellen noch immer die Nacht, sodass Piro in der Dunkelheit gut sehen kann. Schlaftrunken blickt sich Piro um. Das Blatt liegt ein Stück weit entfernt, aber von Anton keine Spur.

Da hört Piro über sich ein leises, klägliches „Mmmhmmmh“.

Sein Blick wandert nach oben und mit einem Mal ist Piro hellwach. Über ihm baumelt Anton, der in ein Spinnennetz eingewickelt worden ist. Das Netz ist so dicht um ihn gespannt, dass er nicht einmal sprechen kann und sich jämmerlich in den Spinnenseiden windet. Zu Piros Entsetzen ist dies aber noch nicht alles. Über dem eingewickelten Anton sitzt auf dem Ast in der Baumkrone eine dicke schwarze Spinne, die die Fäden in zwei ihrer insgesamt acht knorrigen und behaarten Spinnenbeine hält und den armen Anton zu sich nach oben zieht.

Blitzschnell umschlingt Piro den Baumstamm und versucht sich mit aller Drachenkraft hochzuziehen, doch der Farnstamm ist glatt, sodass Piro immer wieder hinunterrutscht.

„Gigarooo!“, schreit Piro mit lauter Stimme, „GIGARO, schnell, wach auf! Wir brauchen deine Hilfe, Anton ist in Gefahr!“

Doch Gigaro lässt sich nicht stören und schläft seelenruhig weiter.

Verzweifelt greift Piro nach einem Stein, der vor seinen Füßen liegt, und wirft nach dem Spinnenseiden, der von der Spinne nach oben gezogen wird. Doch der Stein ist zu klein und der Seiden zu stark, als dass er ihn durchbrechen könnte.

Anton wird immer weiter nach oben gezogen und ist jetzt nicht mehr weit von der Spinne entfernt. Diese leckt sich bereits ihre Lippen und grinst schelmisch: „Heutige Vorspeise: Saftiger Ameisenbraten.“

Antons Augen schauen Piro inständig und hilfesuchend an. Die Ameise zappelt und windet sich in seinem Spinnengefängnis immer heftiger.

Ohne zu überlegen, holt der kleine Drache tief Luft, weitet seine Nüstern und speit eine riesige Feuerflamme hoch in die Baumkrone.

Die Flamme durchbricht den Spinnenfaden und Anton fällt hinunter zu Piro, welcher ihn auffängt.

„Du gemeiner Drache, du hast mir mein Abendessen gestohlen, was bist du nur für ein ungezogener Bengel“, schimpft die Spinne und krabbelt voller Ärger davon.

Überglücklich laufen sich Piro und Anton entgegen und nehmen sich in die Arme. Tränen kullern beiden die Wangen hinunter.

„Danke, Piro, danke, du bist ein wahrer Freund und mein Retter“, bedankt sich Anton.

„Ich war in solcher Sorge um dich und hatte nur daran gedacht, dich irgendwie aus dieser misslichen Lage zu befreien. Außerdem sind wir beste Freunde – beste Freunde helfen sich einander immer. Außerdem“, überlegt Piro, „du hast mir auch geholfen und bist, ohne zu überlegen mit mir diese Reise auf der Suche nach dem Feuerriesen angetreten“.

Piro verstummt und Anton und Piro schauen sich einander mit großen Augen an. Da fällt es ihnen wie Schuppen von den Augen. „Piro, du hast es geschafft, du kannst Feuerspeien!“, jubelt Anton begeistert.

„Dabei habe ich nichts anders gemacht“, wundert sich Piro, „ich habe einfach nicht daran gedacht, dass ich unbedingt Feuerspeien muss. Ich hatte einzig und allein deine Rettung vor dieser widerlichen Spinne im Kopf.

„Das meinte also die Fledermaus Sapia“, schlussfolgert Anton, „in deinem Kopf hat sich seit Ewigkeiten alles nur noch um das Feuerspeien gedreht, dass du schließlich zu verkrampft warst und dir so sehr den Kopf zerbrochen hast. Dadurch hast du dir eine so große Mauer aufgebaut, die nur du selbst durchbrechen konntest.“

„Stimmt“, nickt Piro, „nur ich ganz allein konnte mir noch helfen“, und stößt freudestrahlend eine Flamme aus.

„Ist es etwa schon Morgen? Was ist hier so hell gewesen?“, gähnt Gigaro, streckt sich fragend und blickt zu Piro und Anton.

„Ach, ich habe nur ein kleines Feuer gespien, schlaf ruhig weiter“, antwortet Piro grinsend. „Na bravo, wer hat dir das jetzt auf die Schnelle beigebracht?“, möchte Gigaro wissen. „Ich mir selbst – das ist doch drachenklar“, sagt Piro selbstbewusst und zwinkert Anton zu.

Herstellung und Verlag:
BoD – Books on Demand, Norderstedt
ISBN: 9783758302251